BEI GRIN MACHT SICH IHR WISSEN BEZAHLT

- Wir veröffentlichen Ihre Hausarbeit,
  Bachelor- und Masterarbeit

- Ihr eigenes eBook und Buch -
  weltweit in allen wichtigen Shops

- Verdienen Sie an jedem Verkauf

Jetzt bei www.GRIN.com hochladen und kostenlos publizieren

Ramona Schilling

Die Romantik als literarische Epoche

Skript

GRIN Verlag

Bibliografische Information der Deutschen Nationalbibliothek:

Die Deutsche Bibliothek verzeichnet diese Publikation in der Deutschen National-
bibliografie; detaillierte bibliografische Daten sind im Internet über http://dnb.d-
nb.de/ abrufbar.

Impressum:

Copyright © 2012 GRIN Verlag GmbH
Druck und Bindung: Books on Demand GmbH, Norderstedt Germany
ISBN: 978-3-656-71693-8

Dieses Buch bei GRIN:

http://www.grin.com/de/e-book/278628/die-romantik-als-literarische-epoche

GRIN - Your knowledge has value

Die Romantik als literarische Epoche

Grundvorstellungen romantischer Schriftsteller

- dynamische, von Fortschrittseuphorie geprägte Epoche in der ein Aufschwung der Poesie sattfindet
- „Athenäum" → führende Zeitschrift
- aber auch Spannungen → Schriftsteller stehen auf Kriegsfuß mit bürgerlicher Leserschaft
- zeitl.: zwischen französischer Revolution und Restauration
- empfinden sich als progressiv (progressive Universalpoesie als Konzept von Friedrich Schlegel im Athenäum erwähnt):
  - ➢ beinhaltet sämtliche literarischen Gattungen (Lyrik, Drama, Prosa) und verbindet auch die Literatur mit Philosophie, Kunst und Wissenschaft
  - ➢ Ziel: alle Sinne anzusprechen
  - ➢ Traum und Wirklichkeit, Poesie und das wahre Leben sollen in einen Wechselbezug treten
  - ➢ Progressiv ist sie, weil sie ewig im Werden ist → Fragment als wichtiges Stilmittel
- Vorliebe für das Wunderbare, Phantastische, Abgründige und für Märchen

Kann man von einheitlicher Romantik sprechen?

- Romantik nur in Zusammenhang mit anderen literarischen Bewegungen → nicht abtrennbar
- kein einheitliches schriftstellerisches Konzept → aber: Charakteristika romantischen Schreibens

Sattelzeit (1770-1830)

- starre ständische Ordnung löst sich auf, Grundlage für bürgerliche Gesellschaft
- Schlüsselereignis ist die Französische Revolution 1789 → neues Geschichtsdenken (Geschichte nicht mehr normative Funktion; jede Zeit bringt eigene individuelle Kultur hervor)
- kulturelle Blütezeit in Literatur, Philosophie, Musik und Wissenschaften (Beethoven, Kant, Humboldt)
- Klassik: Schiller, Goethe
- zwischen Klassik und Romantik: Kleist, Hölderlin, Jean Paul
- Romantik: Arnim, E.T.A. Hoffmann, Brentano, Novalis, Brüder Grimm

Epocheneinteilung

- Klassik und Romantik lassen sich schwer trennen
- 1795-1805: entstehen klassische Dramen von Goethe und Schiller
- in 1790er aber auch romantische Schriften von Schlegel, Tieck und Hölderlin
  → Zeitnahe Erscheinung klassischer und romantischer Schriften

Aufklärung: 18. Jhd.
- Empfindsamkeit: ca. 1730 – 1790
- Sturm und Drang: 1770 – 1784/86
- Weimarer Klassik: 1786 – 1805
- Romantik: 1793 – ca. 1830/50
  - ➤ Frühromantik in Jena (und Berlin): 1793 – 1801
  - ➤ Hochromantik/Mittlere Romantik; Heidelberger Romantik: 1805 – 1808; Berliner Romantik: 1809 – 1815
  - ➤ (katholische) Spätromantik: 1820 – 1830/50
- Junges Deutschland/Vormärz: 1820 - 1850

Konzept der Kunstautonomie
Gemeinsamkeiten und Unterschiede der Klassik und der Romantik
- Auffassung vieler Künstler, dass Kunst autonom
- Endzweck seines Daseins hat Kunst in sich selbst
- Autonomiekonzept als Gemeinsamkeit, aber anders betont:
  - ➤ Sturm- und Drang:
    - ✓ Künstler im Mittelpunkt nicht künstlerisches Produkt → Selbststilisierung des Genies
  - ➤ Klassik:
    - ✓ Werk im Mittelpunkt, nicht Subjektivität des Künstlers
  - ➤ Romantik:
    - ✓ schöpferische Subjektivität als höchsten Wert → noch stärker als im Sturm- und Drang
    - ✓ Ich wird zur absoluten Instanz (Fichte), Ich als höchste Stufe des Daseins → viele Künstlererzählungen und Romane

Auswirkungen der Künstlerautonomie auf die Romantik
1. Aufwertung der Phantasie, des Traums, Vorliebe für Märchen
2. Absolutsetzung des reflektierenden Ich (in Anlehnung an Fichte)
3. das schöpferische Subjekt erhebt sich über das begrenzte Werk
   - ➤ Offenheit und Unvollendbarkeit des Werks wird in Fragment gezeigt
   - ➤ Werk wird vom Künstler als notwendig beschränkt reflektiert; Kunstwerk beschäftigt sich mit seiner Endlichkeit
- Bild: „Der Mönch am Meer" → Unendlichkeit des Meers → Drang, das Endliche hinter sich zu lassen

Verhältnis zur Französischen Revolution
- anfangs aufgeschlossen, dann Ablehnung der Französischen Revolution
- Einleitung: der Zeitschrift Die Horen (Schiller)
  - ➤ Kunst soll politische Ereignisse ausblenden
  - ➤ Flucht aus realer Welt in Welt des schönen Scheins
  - ➤ Kunst soll auf die Realität einwirken
- Romantik: Autonomiekonzept verbindet sich nicht mit humanem Ideal, aber Poetisierung der Welt

Differenzen zwischen Klassik und Romantik: Das anthropologische Konzept
- Klassik

- ➤ ganzheitliche Bildung (Humboldt)
- ➤ gegen zweckgerichtete Staatspädagogik des Absolutismus
- ➤ humane Selbststabilisierung
- Romantik
  - ➤ keine normativen Idealvorstellungen
  - ➤ kein Harmoniestreben
  - ➤ Grenzerfahrungen → Außenseiter, Künstler, Träumer, Taugenichtse als Protagonisten →Gespaltenheit und Zerrissenheit der Menschen

→ Klassik: individuelle Charakterbildung
→ Romantik: nicht rationale Seiten der Menschen

Antike und Mittelalter als historische Bezugsfolien
- Klassik: Orientierung an Antike, wird als gesund und objektiv bezeichnet
- Romantik: Orientierung am Mittelalter, wird als krank und subjektiv bezeichnet

→ beide stehen nicht im offenen Widerspruch sondern sind auch verbunden

- stehen im Horizont der Aufklärung und führen dessen Ideen weiter → gleiche sozialgeschichtliche Grundlagen wie z.B. die Französische Revolution
- beide sind Reaktionen auf die Ausdifferenzierung der bürgerlichen Gesellschaft und die daran geknüpften Entfremdungserscheinungen

Romantische Geschichtsauffassung: das Mittelalterbild

- Entfremdung des Menschen von der Natur wird in der Klassik und Romantik stark hervorgehoben → Mensch wird durch arbeitsteilige Gesellschaft in eine Fragmentarisierung der Gesellschaft getrieben und Entfremdet sich von der Natur
- Antikes Griechenland ist dagegen Idealmodell im Gegensatz zur Moderne (Hervorhebung der Bildhauerkunst, Ganzheit des Griechischen, Natur noch ganz und Mensch als funktionierendes Teil in ihr)
- in der Romantik tritt anstelle der Antike das Mittelalter (aber nicht nur, auch noch Antike) → kulturelle Neubewertung des Mittelalters, das vorher als barbarisch und kunstlos verschrien wurde

Novalis: „Die Christenheit oder Europa" (1799): Schlüsseltext für dieses Mittelalterbild

- Novalis spricht im Text nicht vom Mittelalter, bezieht sich aber eindeutig darauf → Hinwendung zur christlichen Vergangenheit
- eigene Zeit ist Anarchie, bietet Möglichkeit der europäischen Erneuerung durch Nullpunkt der französischen Revolution
- Eindruck von politischer und religiöser Erschütterung, aufgelöste Ordnung, Krieg gegen Frankreich droht, Papst Pius ist gestorben, keine Neuwahl →sieht Europa an einem Wendepunkt
- will Eintritt in besseres Zeitalter beschwören unter einer einheitsstiftenden Religion

- Novalis erklärt das Mittelalter zu Welt von Einheit und Frieden, Welt ohne störendes Wissen, das von der oberen Geistlichkeit verboten wurde (fiktives Bild)
- Novalis verurteilt Reformation als Abfall von mittelalterlicher Einheit und Geistheit
- Schrift mündet in Aufrufung eines neuen goldenen Zeitalters durch neue Form der Religiosität → neue Religion ist universeller als das Christentum, ist nicht wie Christentum aufs Jenseits sondern ins Innere gerichtet
- Argumentation von Novalis nach charakteristischem dreistufigem Geschichtsmodell

Triadisches Geschichtsmodell

1. Zeit universeller Einheit und Harmonie → Paradies

2. Zeit der Entzweiung → Gegenwart

3. Neue, höhere Einheit – Wiederkehr des goldenen Zeitalters

- Zeitalter, das anvisiert wird soll auf höherer Stufe stehen als ursprüngliche harmonische Urzeit
- Ritterwelt/Spätmittelalter wichtig → kein historisch korrektes Mittelalter
- Nachwirkung der Schrift → Mittelalterbild verfestigt sich bis hin zur nationalsozialistischen Vereinnahmung
- nationalpolitische Aktualisierung des Mittelaltergedankens → Stärke und Macht des Mittelalterreichs soll wieder erreicht werden
- Interesse am Mittelalter auch Interesse an architektonischen Zeugnissen und Künsten aus dem Mittelalter → z.B. Gotik
- auch im Bereich der Literatur → Fachdisziplin der Germanistik entsteht und wendet sich bisher unerforschten Texten des Altertums zu
- unbekannte Überbleibsel aus dem Mittelalter sollen durch Nachdichtung bekannt gemacht werden

Zur Forschungsgeschichte

- 19. Jhd. → vorherrschende starke Ablehnung der Romantik, die politisch begründet ist; Ablehnung der Vernunft in der Romantik wird kritisiert
- Ende des 19. Jhd. → mit der Gründung des deutschen Reiches, national motivierte Aufwertung der Romantik
- nach dem ersten Weltkrieg → Romantik wird als irrationale Geist- und Lebensphilosophie herausgehoben → national geprägt, steht für typisch Deutsches
- Nationalsozialistischen Wissenschaft vereinnahmen Romantik völlig
- 50er /60er Jahre → Bemühung Romantik durch Umdeutung und Neuorientierung von ideologischem Ballast zu befreien
- 80er Jahre: Forschungsfeld öffnet sich ideologiefrei

Begriff der Romantik und des Romantischen

- anders als unser heutiger Begriff von Romantik
- unterschiedliche Bedeutungen im 18. Jhd.: Bezeichnung für romanische Sprachen; Bindung des Wortes an Roman → romantisch zuerst im 17. Jhd. in England und bezeichnete im 18. Jhd. fantastische, unwirkliche, unglaubwürdige, negativ gemeinte Begebenheiten aber auch schon positiv zur Bezeichnung von Landschaften → wilde Berglandschaften mit Gipfeln und Abgründen, tiefe Flusstäler, Rheinlandschaft
- ab dem 18. Jhd. werden alle Gegenständige als romantisch bezeichnet, die Abstand zum Alltäglichen aufweisen
- neues Stilideal: Aufwertung des Wunderbaren und Fantastischen
  →Gegenstände werden als schön empfunden, die nicht alltäglich sondern bizarr und exotisch sind
- Substantiv: Die Romantik → setzte sich erst Ende des 18. Jahrhunderts durch bei Autoren wie Novalis und Jean Paul
- drei Verwendungsweisen
  - ➢ Haltung, die Grenzen zwischen Traum und Wirklichkeit verwischt
  - ➢ Gesamteuropäischer Stilbegriff in der Literatur, Musik und der Bildenden Kunst
  - ➢ Epochenbegriff der deutschen Epochengeschichte →Zeit zwischen 1789 und 1830, letzte Ausläufer bis 1850

Individualstil und Epochenstil

Sehnsucht von Eichendorff

- Sehnsucht verweist auf Drang das Endliche zu übersteigen → innere Ausrichtung was jenseits des Konkreten liegt
- Landschaftsbild in der zweiten Strophe → Landschaftvorstellung der Bildenden Kunst und Malerei für Romantik
- Hinweis auf Geschichte → Marmorbilder → nicht Mittelalter sondern Verweis auf Antike
- nächtliche Szenerie, einsames Subjekt von inneren Wünschen bestimmt
- in der Bildenden Kunst häufig das Motiv am Fenster
- Posthorn wird verknüpft mit dem Reisemotiv, weckt Sehnsucht des Ichs
- zwei Ebenen des Gedichts: extradiegetische Ebene Ich am Fenster, intradiegetische Ebene
- Gedicht überschreitet die Anfängliche Begrenztheit des Ichs ohne, dass dieses die Position am Fenster verlässt → Gedicht vereinet Statik und Dynamik
- Kreisförmige Struktur → nach letzter Strophe könnte das Gedicht wieder von vorne beginnen

Phasengliederung der Romantik

- 1789 – 1850 → problematisch wie immer
- Tieck schreibt während der ganzen Romantik
- Forschung ist sich einig Romantik in 3 Phasen zu Gliedern
- Phasen folgen nicht nahtlos einander sondern es gibt unterschiedliche Gruppierungen in unterschiedlichen Städten mit unterschiedlichen Schwerpunkten
- Frühromantik:
  - ➢ stark theoretisch
  - ➢ Tieck, Schlegel, Novalis, Wackenroder → haben alle Jura studiert sich aber auch für Philosophie interessiert → keine nationalphilologische Einschränkung
  - ➢ immer mehr Romane wurden in dieser Zeit gedruckt

- Jena als Zentrum der Frühromantik, aber kurz auch Berlin und Dresden → Unterschied zur Weimarer Klassik: Klassik entwickelt sich kontinuierlich und viel länger
- Hochromantik (1805-1820)
  - Antitheoretisch und AntiIntelektuelle Strömung → Hinwendung zur Volksdichtung
  - man sammelt Volklieder und Märchen
  - wird auch Heidelberger Romantik genannt
  - Brentano, Arnim, Brüder Grimm
  - Reaktion auf Vormarsch Napoleons → Nationale Einengung, die es in der Frühromantik noch nicht gab
  - zweites Zentrum der Hochromantik: Berlin → Kleist, Arnim, Hoffmann
  - kaum Grundnenner bei Berliner Romantik, wenn, dann theoretisches Interesse tritt zurück und Lust am Erzählen dominiert
- Spätromantik (1815-1830/50)
  - Schlegel, Eichendorff, Brentano, Arnim, Tieck → sind schon vorher als romantische Autoren hervorgetreten
  - trotzdem neue Phase, weil Autoren sich entfernten von romantischen Anfängen
- 3 Grundtendenzen:
  - Zweckfreiheit ist nicht mehr oberstes Gebot
  - Ursprünglich kosmopolitischer Anspruch wird zurückgenommen, Verengung ins Nationale
  - Zunehmende religiöse Ausrichtung

Die Zeitschrift „Athenäum

- 1798 von Gebrüder Schlegel gegründet
- das Publikationsorgan der Frühromantik
- F. Schlegel beherrschte Zeitschrift
- erschien 3 Jahre lang → eigentlich umfangreicher geplant
- 2 Hefte erscheinen jährlich für 3 Jahre (Auflage ca. 1600)
- Projekt typisch für Frühromantik: setzt sich über Wünsche des Publikums hinweg → bewusst provozierend, hebt sich von zeitgenössischer Publikation ab
- Briefe, Gespräche, Aphorismen → verschiedene Textsorten → offen, experimentell
- Gruppencharakter wird betont: Fragment ohne Autor als Gemeinschaftswerk → Gruppenbildung wichtiges Konzept der Zeitschrift
- Zeitschrift bei Gegnern als Feindbild (an Publikumsgeschmack vorbei)

das frühromantische Fragment

- in Literaturwissenschaft zwei Bedeutungen:
  - Bruchstück von Gesamtwerk
  - unabgeschlossener Texte, die es nie vollständig gegeben hat
- bewusst gewählte Form der Romantiker → eigene Unvollkommenheit wird ausgestellt
- Fragment als Ausdruck von Totalität, Entzweiung der Welt (z.B. Subjekt und Objekt) soll überwunden werden, Kluft zwischen Endlichkeit und Unendlichkeit soll darin kompensiert werden
- Geschlossenheit aber nicht ganz ausgeschlossen

- heute würde man diese Fragmente als Aphorismen bezeichnen
- „vor jemandem Denken" → nicht fertige Ergebnisse präsentieren

<u>Verbindliche Elemente der frühromantischen Fragmente</u>
1. Novalis und Schlegel gründen ihre Fragmente auf den „Einfall" → Einfall, besondere Idee, das Überraschende
2. Zahlreiche Fragmente rücken eine gewagte Hypothesen in den Vordergrund
3. Vorliebe für überraschende Analogien

Zusammenfassung: Fortführung der traditionellen Aphorismensammlung; Verweigerung starker Systematik, Neigung zu gewagten Thesen, offene Form

<u>116. Athenäums-Fragment: Progressive Universalpoesie</u>
- kein Aphorismus
- eher kein Fragment, da abgeschlossen
- sprachlich stilistische Brüche
- „romantische Poesie" soll definiert werden → bleibt gerade unbestimmt, da von unterschiedlichen Arten der Poesie geredet wird
- alle Gattungen der Poesie → romantische Poesie erscheint als Absolutes Erweiterung durch Rhetorik und Philosophie
- umfassende Poetisierung der Welt
- Vielfalt der Ausdrucksmöglichkeiten der romantischen Poesie; Poesie als Medium dem es möglich ist alles zu umgreifen → Universalpoesie
- eingespannt zwischen zwei Extremen → romantische Poesie bewegt sich dazwischen hin und her ohne sich festzulegen → Reflexionsprozess möglich; keine Festlegung → beständige Weiterentwicklung → progressiv

F. Schlegel: Das Gespräch über die Poesie
<u>Versuch über den verschiedenen Styl in Goethes früheren und späteren Werken</u>
- zunächst im Athenäum veröffentlicht
- ästhetische Schrift in Dialogform
  - ➢ Grenzbereich zwischen Poesie und Poetik
  - ➢ keine Formulierung fester Ergebnisse
  - ➢ offener Dialog, der Suchbewegung beschreibt

<u>Rede über die Mythologie</u>
- ➢ Mythologie als Ausdruck kindlich naiven Denkens im 18. Jhd.
- ➢ Mythologie und Poesie werden gleichgesetzt
- ➢ Gegenwärtiger Poesie fehlt Zentrum → neue Mythologie
  - ✓ Zeitpunkt neuer Mythologie ist gekommen → soll einendes Zentrum der Poesie gefunden werden
- Etablierung neuer Mythenwelt → Hoffnung von Vermittlung von Individuum und Gesellschaft
- Zitat von Schlegel: Empfinden einer Kluft zwischen Gegenwart und Vergangenheit → Was alten Besitz war ist heute Sehnsucht → ein Ziel auf das man hinsteuert, das man aber niemals erreichen kann → wichtiger Gedanke der Frühromantik
- progressive Universalpoesie → vereint alles gesprochene und geschriebene in sich

1. Romantische Ironie

- man sagt das Gegenteil von dem was man meint und wird vom Gegenüber trotzdem verstanden
- romantische Ironie geht darüber hinaus und funktioniert anders
- romantischen Ironie ist Ausdruck der Kluft zwischen Endlichem und Unendlichem
- romantisches Schreiben ist immer im Modus der Ironie: Jedes Buch das sich nicht widerspricht ist nicht vollständig

<u>zwei Hauptdimensionen der romantischen Ironie</u>
- Ironie, die der Dichter auf sich selbst bezieht
  - ➢ Dichter muss sich von sich selbst zu differenzieren → heraustreten des Sprechers aus seinem Text um Künstlichkeit des Textes zu zeigen

- ➢ Form der Selbstrelativierung
- ➢ Realität kann nie deckungsgleich mit dem Ideal sein, da dieses nie vollständig erreicht werden kann; auch Künstler oder Werk sind nie ideal vollendet
- Ironie, die Struktur des Werks kennzeichnet
  - ➢ romantische Ironie zeigt Werk in seiner Endlichkeit und lässt es so erscheinen indem es vom hypothetischen Standpunkt des Unendlichen das Endliche reflektiert
  - ➢ Fragment zeigt Orientierung an der Philosophie
  - ➢ muss Transzendentalpoesie sein → Anspruch der romantischen Poesie über das Reale hinauszugehen und auf etwas Ideales hinzusteuern
  - ➢ kritische Poesie hat Abstand zu sich selbst, will nicht nur Darstellung sein, sondern auch die Darstellung an sich betrachten [Poesie und Poesie der Poesie]
  - ➢ Abgrenzung vom Sturm und Drang: nicht das Erleben und das Gefühl sondern die Distanz wird gezeigt
  - ➢ Abgrenzung zur Klassik; Ironie hebt diese Vorstellung von der in Sich geschlossenen Ganzheit des Kunstwerks auf

Selbstreflexivität und Metafiktionalität

- Kunst soll nicht auf äußere Realität verweisen, sondern auf etwas, das nicht Real ist Selbstreferenzialität → schafft Voraussetzung für Selbstreflexivität
- Selbstreflexivität → Literatur thematisiert sich selbst, Poesie der Poesie → führt zur Metafiktionalität
- Metafiktional: fiktionale Erzähltexte, die selbstreflektiv zeigen, dass sie Kunstprodukte sind und ihren fiktionalen Charakter ausstellen
- romantische Texte präsentieren nie nur Handlung und Stimmung sondern zeigt auch immer in welcher Form sie das tun, Schrift und Schreiben wird Inhalt der Erzählung

Das Drama der Romantik

- Drama steht nicht im Vordergrund in der Romantik → eher Novelle, Fragment und Kunstmärchen
- fast alle romantische Autoren haben auch Dramas verfasst, haben dafür aber wenig Anerkennung erhalten
- Ausnahme ist Ludwig Tieck → steht fürs romantische Drama ein
- zahlreiche der romantischen Dramen wurden nie aufgeführt, sind als Lesedramen geschrieben → setzen sich über jede Bühnenpraxis hinweg
- Mischung von Stilen
- keine geschlossene Handlung →Zusammenhang durch vermittelnde Instanzen (auktorialer Erzähler)
- Formmerkmale entsprechen frühromantischem Literaturkonzept, laufen aber der Gattung Drama entgegen→Spiel mit Gattungskonventionen und Gattungserwartungen
- am Drama zeigt sich, dass sich Künstlerische Innovationsdrang sich nicht mit zeitgenössischem Publikum vertrug
- andere Traditionen und Vorbilder als das klassische Drama

- Schicksalsdrama: Schicksalhaften Daten und Geschehnissen und Requisiten, die den Willen der Akteure untergraben: Zacharias Werner, Grillparzer u.a.

Ludwig Tieck, Der gestiefelte Kater (1797)

- Tieck hat schon früh mit Dramenformen experimentiert, hat sich an Schiller und Shakespeare orientiert
- ist nicht primär auf Aufführung konzipiert → wurde aber von Tieck selbst unter großem Gelächter mehrfach vorgelesen → hat aber auch 1844 den Weg auf die Bühne gefunden mit gemischten Reaktionen

1. Bühnenhandlung: Märchen vom gestiefelten Kater, das aufgeführt wird
2. Ebene der Aufführung: verantwortlich für Einrichtung des Bühnengeschehens; Schauspieler, Autor usw.
3. Ebene der Rezipienten: Zuschauer

→ wechselt immer zwischen Bühnengeschehen und den Gesprächen der Zuschauer,
→ Darbietung und Reflexion des Dargebotenen wird verschränkt

- Komödie zeigt wie Publikum auf das dargestellte reagiert, Publikum macht sich lautstark bemerkbar → fiktives Publikum missachtet Grenze zwischen Bühne und Zuschauerraum und stört
- wenn Kater zum ersten Mal spricht wundert sich nicht nur der Protagonist auf der Bühne, sondern auch die Zuschauer lautstark
- Dramenverständnis des Publikums orientiert sich an der Aufklärung
- Tieck nimmt Erwartungen des Publikums aufs Korn
- Publikum ist ziemlich negativ und engstirnig gezeichnet, Autor rechnet mit dem Publikum ab

- Umstände der Aufführung gelangen auch zur Aufführung, vieles läuft schief und anders als geplant: Theaterapparat versagt, Schauspieler fallen aus der Rolle → einer der Höhepunkte: Zuschauer klopfen weil sie unzufrieden sind: Schauspieler vergessen ihren Text und es tritt eine Pause ein
- Tieck hat der modernen Dramatik neue Möglichkeiten erschlossen weil gegen die Dramenkonventionen verstoßen wird, keine Einheit von Ort, Zeit, Handlung
- wird gefeiert als vollendet selbstreflexives Werk
- intertextuell angelegt mit Schillerzitaten usw.

F. Schlegels „Brief über den Roman"

- Briefschreiber Antonio bezieht sich auf Streitgespräch über Romane Jean Pauls → Antonio formuliert eigene Erwartungen von Romanen
- Wirkung auf Rezipienten entscheidend → keine Abbildung der Wirklichkeit sondern Einbildungskraft des Lesers soll geschult werden

- Selbstreflexivität über das Erzählen selbst
- eigentlicher Genuss des Romans nicht in der Spannung, sondern in Betrachtung und Arabesken
- ästhetische Kategorie von Arabeske und Groteske entscheidend
  - ➤ Gestaltungsprinzipien in Kunst und Literatur
  - ➤ Arabeske: ornamentale Elemente, geschwungen
  - ➤ Groteske: Ursprung lieg in Antike, beliebt in Zeit des Rokoko, Pflanzliches, Tierisches, menschliches gemischt → Kombination unterschiedlicher Elemente, Gefühlvolles und grauenhaftes kombiniert → Irritation beim Leser; Technik der Entfremdung in der Literatur
- Wieland wertet Groteske ab
- Romantiker betreiben Aufwertung der Groteske
- romantischer Roman wird bei Schlegel selbst als Arabeske bezeichnet
- Roman nicht klar definierbare Gattung → integriert alle Gattungen
- Roman als Medium, um Universalpoesie zu verwirklichen

Der Roman der Romantik

Tieck: „Franz Sternbalds Wanderungen" (1798)
Friedrich Schlegel: „Lucinde" (1799)
Breantano: Godwi oder das steinerne Bild der Mutter" (1800/02)
Klingemann: „Nachtwachen von Bonaventura" (1804)
Arnim: „Armut, Reichtum, Schuld und Buße der Gräfing Dolores" (1810)
Eichendorff: „Ahnung und Gegenwart" (1815)
Hoffmann: „Lebens-Ansichten des Katers Murr" (1819/21)

- Subtexte, Exkurse, Erinnerungen, verschiedene Erzählelemente in Handlung integriert
- Verschmelzung unterschiedlicher Gattungen → Stilhybridität (gegen Klassik)
- Roman umfasst auch unterschiedliche Diskurse (philosophisch, naturwissenschaftlich) → enzyklopädisch
- Untergattungen: Künstlerromane, Bildungsromane, historische Romane → oft nicht trennbar

Goethes „Wilhelm Meisters Lehrjahre": Vorbild und Kontrastfolie
- Einfluss auf Romantiker
- Aufwertung der Poesie → steht neben Französischer Revolution
- kritische Auseinandersetzung mit Wilhelm Meister → z.b. Ofterdingen als bewusste Antithese
- Rolle der Kunst in Wilhelm Meister wird kritisiert → Protagonist verlässt Sphäre der Kunst im Laufe des Romans
- 2 Künstlerfiguren stehen im Roman bei Goethe → Ende der Kunst
- poetische Dimension geht in Wilhelm Meister verloren
- Novalis lässt in seinem Roman Protagonist in poetische Welt hineingehen (heraus von Ökonomie) → Poesie dehnt sich über Welt aus → „Apotheose der Poesie""; Reifung und Verklärung des Dichters im Roman

Zum Autor Novalis (1772 – 1801)
- vielfältig interessiert → alle Arbeiten Denkexperimente
- Poesie als Synthesekonzept → alle Interessen können darin vereinigt werden

„Heinrich von Ofterdingen"
- 3-teilig → nur 1. Teil abgeschlossen

- thematische Vielfalt → Protagonist mit Kriegswesen, Ökonomie und Geschichte konfrontiert
- spielt im Mittelalter → Sage vom legendären Dichterstreit/Sängerstreit → Heinrich von Ofterdingen nimmt daran teil; war erfolgreich → Neid der anderen Sänger → Klingsor kann Streit schlichten
  - aber Roman hat keine konkrete geschichtliche Vergangenheit; Geschichte aber atmosphärische Bedeutung → keine zeitgenössische Realität muss aufgezeigt werden
  - alles Konkrete und Reale wird im Roman hinter sich gelassen
  - Roman möchte poetische Welt entfalten

episodisch strukturiert
- äußere Ebene:
  - Motiv der Reise nach Augsburg im Vordergrund
  - geographische Stationen werden Stationen der inneren Entwicklung
  - diese Entwicklung wird immer wieder thematisiert

1) Heinrich erkennt sich eingebettet in größeren Weltzusammenhang
2) eigene Geschichte als sinnvolle und notwendige Geschichte: Vergangenheit und Zukunftssicht sinnvoll
3) Heinrich erfährt nichts Neues → begreift was er längst spürte → Bewusstseinsprozess

→ Goethe: Leben auch durch Poesie strukturiert, aber Entwicklung nicht zielgerichtet wie bei Novalis, sondern von Zufällen und Irrwegen gekennzeichnet

Aufbau des Romans
- drei Teile
- Märchen und Erzählungen integriert
- Handlungen des 1. Teils mündet ins Märchenhafte → Grenze von Traum und Realität löst sich auf

Unterschiede und Analogien zu „Brief über Roman"
- episodische, arabeske Anlage des Romans
- Integration von Erzählungen (Binnenerzählungen); eingefügte Märchen
- romantische Selbstreflexivität (Heinrich findet in Höhle ein Buch, glaubt seine eigene Geschichte zu lesen)
- Mischung von Prosa und poetischer Sprache
- Vorliebe für das Phantastische
- Märchen als Ausdruck ursprünglicher, reiner Harmonie
- Märchen von Novalis verbindet Dichtung und Liebe: erlösende Funktion der Poesie → triadisches Geschichtsmodell

→ Märchen handelt von Dichtern, die zur Allharmonie hinführen

<u>Romanbeginn</u>
- Skizzenhaft wird Umgebung beschrieben → Uhr → bürgerliche Normalität (Eltern schlafen)
- Grenze zwischen Wachen und Träumen ungewiss
- „Blaue Blume" leitmotivische Funktion → Symbol für Sehnsucht

<u>Heinrichs Traum</u>
- Intensivierung der Blauen Blume
- Traum als Fenster zur poetischen Welt
- Vater von Heinrich: „Träume sind Schäume" → Vater in Welt des Nutzens, Mutter auch Phantasiewelt zugeneigt
- auch im Vater poetische Ader: hatte in Jugend auch von der blauen Blume geträumt → Heinrich schafft es, dass das schlummernde Gedächtnis der Poesie wieder wachgerufen wird → Dichter wirkt auf Menschen
- Heinrichs Dichtertum ist kein bewusster Vorgang sonder entsteht durch Traum→ Ähnlichkeit mit Sturm- und Drang → Genie durch naturhafte Begabung

<u>Novalis</u>
- Traum ist entscheidend → das Unbewusste, nicht schöpferische Kraft, sondern Passivität
- Psychisch wichtig: Hinabsteigen ins tiefste Innere des Menschen
- Heinrichs Entwicklung zum Dichter → Bewusstseinsprozess von Passivität zur Aktivität
- aber kein Bildungsroman
- bei Novalis: alle Figuren verbunden

Einordnung des Romans in Poetologie
- poetologischer Kosmos ist harmonisch bei Novalis
- Dichter leistet Beitrag zur versöhnenden Weltordnung
- Übereinstimmung von Innerlichkeit und Welt → frei von Konflikten
- Fichte:
  - „Ich zum Prinzip, das alles hervorbringt"
  - „Ich und Welt wesens- und strukturgleich
  - Heinrich von Oferdingen alles so, als ob alles aus Erinnerung vertraut ist
  - aber: Begegnungen mit Äußerem wird Stück im Stück ins Bewusstsein gezogen
- Novalis
  - Aufgabe des Dichters: Welt aus Erstarrung lösen → poetischer Geist muss freigesetzt werden um Starre zu lösen
  - letztlich: Synthese von allem → Selbstbezug = Weltbezug → Subjekt und Objekt-Trennung nicht mehr vorhanden
  - Verbindung unendlich-endlich
→ Welt muss romantisiert werden → Romantisierung als potenzierende Verwandlung der Welt

Sammlungen
- Brüder Grimm sind Stolz auf zurückliegende literarische Überlieferung aber auch Angst, dass kulturelles Gedächtnis verlöschen könnte → noch nicht alles verloren, mündlichen Überlieferung des Volkes von bisherigen Kunstformen → deswegen sammeln viele Autoren

- romantische Autoren finden Volkslieder und Märchen als letzte Überbleibsel einer unpoetischen Realität → mündliche Volkskultur beinhaltet Geist des Vergangenen → Volk als Hort der echten Kunst in der Gegenwart
- man greift Märchen und Sagen auf und benutzt sie als Vorbilder und Material über das man mit eigener Fantasie verfügt
- Zeugnisse der Volkspoesie sollen gesammelt und erhalten werden um sie „fruchtbar" zu verbreiten → mündliche Volkstradition soll nicht verlöschen
- alles was aus dem des Volks stammte wurde gesammelt: Volkslieder, -sagen, -bücher → Volkspoesie: alles was anonymer Herkunft ist und mündlich tradiert wird
- Kunstpoesie: individuelles Erzeugnis eines fassbaren historischen Autors
- mündliche und schriftliche Tradition lassen sich nicht immer leicht trennen → romantische Autoren vermengen beides

Joseph Görres: Die teutschen Volksbücher

- neue inhaltliche Schwerpunktsetzungen in der mittleren Romantik als Reaktion auf politische Ereignisse
- aktuelle Gründe für die Hinwendung zur Volksdichtung → Bedrohung der deutschen Nation: nach 1800 Ende des HRRDN, Napoleon bringt Deutschland unter seine Herrschaft, Zusammenbruch Preußens, Berlin in der Gewalt Napoleons, preußische Königspaar muss nach Königsberg fliehen → Widerstandskräfte regen sich und es kommt zu den Befreiungskriegen
- Görres als Spitze einer breiten Tendenz in der damaligen Literatur mit patriotischen und nationalistischen Tendenzen
- Bewusstsein einer nationalen Einheit, die es nicht mehr gab → Deutschland in ca. 300 Staaten zerfallen; nationaler Zusammenhalt wurde gestiftet in der Rückbesinnung auf gemeinsame literarische Traditionen, deswegen Hinwendung zum Mittelalter mit der großen Zeit der deutschen Kaiser; nationale Identität sollte durch die Hinwendung zur Volkspoesie gestärkt werden → als Heilmittel für die geschwächte Nation

Die Märchensammlung der Brüder Grimm

- erste Hälfte des 19. Jahrhunderts → wurden zum Hausbuch der deutschen Haushalte → meistaufgelegtes und übersetztes deutsches Buch
- ausgreifendere Tätigkeiten und nicht nur deutschsprachige nationale Literatur, z.B. auch altspanische
- Interesse an einfachen Märchen des Volks war neu, andere machten sich zu diesem Zeitpunkt noch darüber lustig
- mündliche Tradition sollte erfasst und wiedergegeben werden → Grimms Märchen als Synonym fürs authentische Volksmärchen
- kindliche Naivität des Märchens wird betont → aber positiv: Märchen ist Möglichkeit zu etwas Ursprünglichem, Einfachem zurückzukommen
- erst dritte Auflage brachte großen Erfolg
- unterschiedliche Auffassungen der Brüder: Jakob: Sprachen dürfen nicht übersetzt werden, Wilhelm hat sich stärker auf die Bedürfnisse der Leser eingelassen

- eigentliche Motivation kippt → Hinwendung zum Kinderpublikum
- Wilhelm Grimm hat den eigentlich typischen Märchenstil geschaffen

Märchenstil

- einfache, aneinandergereihte Hauptsätze und wiederkehrende Formeln wie z.b. es war einmal am Anfang; da lebten sie zusammen in Glückseligkeit bis an ihr Lebensende
- Zahlenschemata 3 und 7 → Schneewittchen
- kindgerechte Verkleinerungsformen wie Löffelchen und Tellerchen
- Sprichwörter und Redensarten wurden eingeführt
- Doppelausdrücke wie Speis und Trank
- Anschaulichkeit, Detailverliebte Schilderungen

→ Märchen werden dem Zeitgeschmack der Leser angeglichen; werden auch moralischen Konventionen der Gesellschaft angeglichen

- am Anfang stand das Sammeln von Volksgut im Vordergrund, später wurde die Eigenleistung stark bewertet
- hatten Märchen von einer Märchenfrau, die sie besucht hat → Quellen waren mehrheitlich gebildete Personen und nicht bloß aus dem niederen Volk oder mündlicher Tradition → wurde vielfach aus schriftlichen Quellen entnommen

Achim/Brentano: „Des Knaben Wunderhorn" (1805/08)

- war nicht begeistert über Märchensammlung der Brüder Grimm → ihn störte die mangelnde Bearbeitung
- Zusammenstellung der Sammlung vor allem per Brief, arbeiteten nicht besonders nah zusammen (Legende)
- es geht nicht nur darum Vorhandenes zu sichern, sondern Niveau der Volkslieder soll gehoben werden → normierenden Charakter
- 1806/1808 herausgegeben → umfasst 723 Lieder → weiter Volksliedbegriff → nur deutsche Lieder aber nehmen es nicht so genau mit dem Begriff Volkslied
- Titel aus alter niederdeutscher Quelle
- was für Lieder? stammen mitten aus dem Volksleben, existentielle Erfahrung einfacher Menschen (Hochzeit, Liebe, Geburt, Tod), Tanz- und Trinklieder, festliche Formen der Geselligkeiten stehen im Mittelpunkt, im dritten Band Ergänzung mit Kinder- und Wiegenliedern, Lieder von einfachen Berufen aus der vorindustriellen Arbeitswelt (Bergleute, Schneider, Jäger, Hirten, Müller), Soldatenlieder, historische Balladen, die zur geschichtlichen Identitätsbildung beitragen sollten → Volksgeist manifestierte sich in den Liedern, sollen in Zeit schlimmer Bedrohung die Nation zusammenschweißen
- Lieder unterschiedlicher Zeiten vermitteln nationalen Zusammenhang, Unübersichtlichkeit der Wirklichkeit wird durch die Beschäftigung mit einfachen Leuten ausgeblendet → Reaktion auf aktuelle Ereignisse
- Liedgut von einzelnen bekannten Autoren und auch aus Liedersammlungen aus Zeitschriften und fliegenden Blättern

- Arnim und Brentano waren nicht historisch korrekt sondern dichteten dazu, stärker als die Brüder Grimm, kaum eines der Lieder ist völlig frei von Bearbeitung
- halfen Volk zum „richtigen Singen" → legten Volk in den Mund was sie für angemessene Volkslieder hielten
- Quelle mündlich zeigt immer, dass die Herausgeber besonders stark in den Text eingegriffen haben
- erster Band war Goethe gewidmet → Verkaufsfördernd, da Goethe den Band auch gut rezensierte

Romantische Lyrik

- Abkehr von klassizistischen Formen und neue Volksbezogenheit
- wirkt sich auf Formgebung auf → Bruch mit Vorliebe für komplexe Formen → stattdessen einfache Versformen
- Liedvers und Volksliedstrophe dominiert
- Hinwendung zur romanischen Gedichtform
- Hochkonjunktur des Sonetts
- Eindruck von Mündlichkeit soll gezeigt werden → Einbettung in Werkkontexte
- keine toten Texte, sondern Eindruck lebender Stimme → Oralität soll fingiert werden
- Gedichte sind zunächst innerhalb umfassender Prosatexte veröffentlicht worden
- kein Produkt der Naivität der romantischen Künstler, entsteht aus reflektiertem künstlerischen Reflexionsprozess

Gemeinsamkeit übergreifender Lyrik

1. Sehnsucht nach vollkommener Welt, Harmonie
   ➢ Natur, Volkstümliches, Kind → repräsentieren Ursprung und Einheit
2. Gedichte sollen unmittelbar und lebendig wirken → binden Gedichte an mündliche Vortragssituation
3. Orientierung am Volksliedton; Dominanz des Liedverses und der Volksliedstrophe → Liedvers mit drei oder vier Hebungen; alternierend; Volksliedstrophe: immer gereimt, vier Verse, nicht immer reine Reime
4. einfacher, natürlicher Ton ist sentimentalisch, aus innerer Rückwendung nicht naiv!; ästhetisches Produkt (Schiller: „Über naive und sentimentalische Dichtung")

Clemens Brentano (1778 – 1842)

- Leben geprägt von Kampf und Orientierung
- hat nie Abschluss gemacht
- in Jena: Zentrum der Frühromantiker
- Frau stirbt früh, drei Kinder sterben früh, zweite Ehe scheitert
- 1817: Hinwendung zum Katholizismus in seiner Krise → beschließt sich religiösem Leben zu widmen
- hat ca. 1000 Gedichte geschrieben
- Qualität der Gedichte schwankt

- bekanntes Gedicht: „Der Spinnerin Nachtlied"
  - ➢ entstanden 1802; in Erzählung integriert
  - ➢ Kontext des Gedichtes aus Erinnerungsperspektive
  - ➢ Schlichtheit dominiert
  - ➢ typisch für Volksliedstrophe: Wiederholungen, umarmende Reime
  - ➢ Beschränkung der Wortwahl
  - ➢ Nachtigall, Mond, Faden

→ Inhalt und Form = Volksliedtradition

  - ➢ Raffinessen:
    - ✓ Gesang der Mutter fällt mit Gesang des Vogels zusammen
    - ✓ Übertragung des Mündlichen ins Schriftliche →Gewebe der Frau im Text → Verwandtschaft zwischen Text und Textilien
    - ✓ selbstreflexiv: Einfachheit als künstlerisch gestaltet
    - ✓ Nachtigall-schall in Strophen 1,3 und 5 → Strophen werden einander zugeordnet → sehr kunstvoll
    - ✓ identische Wiederholungen von Zeilen, z.b. Zeile 4 und 9; 8 und 13 → alles sehr durchdacht
    - ✓ Übereinstimmung zwischen Form und Tätigkeit des Spinnen
    - ✓ Wiederholungen sehr ausgetüftelt eingesetzt

Stimmungshaftigkeit und Klangmalerei

- grundsätzliches Merkmal romantischer Lyrik: Klangdimension tritt in den Vordergrund

Tieck: Sehnsucht

- Bedeutung schwindet; Klang tritt in den Vordergrund durch Alliteration, Reim…
- Klang gewinnt Eigenleben → assoziative Reihung von Klängen → gleitende Weltsicht; einzelne Aussage verliert an Gewicht; Synthese von Ich und Welt; Klangharmonie → romantische Sythesegedanken; nicht auf Rationales, Klang im Vordergrund

Joseph von Eichendorff (1788 – 1857)

- deutlich später als bisher behandelte Dichter
- Schwerpunkt seines Schaffens in ersten drei Jahrzehnten des 19. Jahrhunderts
- will Mündlichkeit stimulieren → Volkslied/Einfachheit
- Bsp.: Lockung (1834)
  - ➢ festes Repertoire an Bildern und Motiven: hier: alte Lieder, Bäche, Mondenschein, Waldeseinsamkeit → Vorwurf an ihn: Lyrik sei einfältig, da immer gleiche Motive → Vorwurf nicht richtig!!
- Bsp.: Mondnacht
  - ➢ wieder einfache volksliedartige Form
  - ➢ Kreuzreim

- ➢ Metrum: 3-hebiger Jambus
- ➢ Sprachklang wichtige Rolle, Assonanzen
- ➢ hier: keine konkrete Landschaft entworfen; viele Nomen
- ➢ inhaltlich: Vereinigung und Gegensätze; Vereinigung von Himmel und Erde (mythologisches Bild)
- ➢ Motiv des Seelenfluss → christliche oder andere Anknüpfungen

→ Gedicht eröffnet neue Horizonte der Interpretation

- ➢ Satzrythmus wechselt; Variationen im Satzbau
- ➢ Indikativ und Konjunktiv; Irrealis in erster Strophe und letzter Zeile → Bruch mit Einfachheit des Volksliedes → dadurch wird das Gedicht komplexer: Irreales und Reales wird wiedergegeben
- ➢ Verhältnis von imaginierter Ursprungsharmonie und der im Gedicht aufgerufenen Realität? → kein Kontrast von Realis und Irrealis, sondern Verbindung
- ➢ Naturszenerie verweist auf Vermittlung von Himmel und Erde
- ➢ Dominanz der im Konjunktiv gehaltenen Wörter
- ➢ Gedicht artikuliert mit der Einheit das Fehlen der Einheit → kein naives Gedicht, sondern sentimentalisches Kunstwerk
- Eichendorffs Lyrik
  - ➢ schafft suggestive Bildersprache; geringe Variationsbreite → wirkt einfach
  - ➢ Formelhaftes; gleiche Motive → feste Bildsprache aber dieser kommt Weltanschauliche Bedenkung zu → kompensatorischer Effekt gegen Industrialisierung
  - ➢ Naturbild oft als Gegenbild zur modernen Gegenwart; strebt nach Verbindung zwischen Kosmos und Welt
  - ➢ Formwandel: zunehmende Knappheit seiner Formulierungen
  - ➢ Bsp.: Wünschelrute
    - ✓ Welt als verborgene Botschaft, wie Lied das schläft
    - ✓ Dichter muss den lebendigen Sinn der Welt aktualisieren

Romantische Geselligkeit und Salonkultur

- ausgeprägter Individualismus auch oft in pathologischen Zügen
- aber auch: ausgeprägter Hang zur Geselligkeit → Wichtigkeit von Freundschaften, Zusammenarbeit der jungen Dichter → gibt auch viele Gemeinschaftsarbeiten
- prägende Begriffe: Symphilosophie und Sympoesie
- Ausprägung bürgerlicher Kommunikation; Kommunikationsräume fernab von Städten (z.B. Lesegesellschaften)
- Kritik und Gegendiskurs als wichtige Funktionen der Gesellschaften
- romantische Geselligkeit setzt eigene Akzente → Einbezug der Frauen → Frauen werden zum Mittelpunkt

Schleiermachers „Theorie der Geselligkeit"

- Schlegel und Schleiermacher äußern sich darüber
- Schleiermacher veröffentlicht 1789 Schrift über Geselligkeit → Geselligkeit als moralische Pflicht
  - ➤ Mensch eingespannt zwischen Hausarbeit und Geschäften des bürgerlichen Lebens → übt Kritik daran
  - ➤ keine Erfüllung der Ziele des menschlichen Dasein, dazu braucht es dritte Sphäre: Geselligkeit fernab von äußeren Zwängen → geistige Fähigkeiten können entfaltet werden, frei von autoritären Zwängen
  - ➤ Hoffnung auf gesellige Gemeinschaft gesetzt → hier kann sich jeder in Individualität zur Geltung bringen → Geselligkeit ermöglicht Freiheit
  - ➤ Über Standesgrenzen hinweg, aber: hat dabei Gebildete im Bilde

Praxis romantischer Geselligkeit: Romantische Salons

- Salon, literarischer Salon: offen, heterogene Kreis
- Intersubjektiver Austausch
- Frauen und auch jüdische Bürger nehmen teil → neue Form der Geselligkeit

wichtiger Salon: Henriette-Herz-Salon in Berlin → viele wichtige Begegnungen z.b. Schlegel und Schleiermacher

- seit 1718 Salon Henriette-Herz → sehr gebildet, mit Arzt verheiratet
- Frauen treten in der Öffentlichkeit auf → auch oft kritisiert → neues Frauenbild
- zwei Skandalumwitterte Frauenfiguren: Caroline Böhme, Dorothea Veit → neue Denkmodelle von Geschlechterrollen → wechselseitige Ergänzung der Geschlechter

Friedrich Schlegel, „Lucinde" (1799)

- Roman gleichzeitig mit Heinrich von Ofterdingen erschienen → Aufruhr wegen der Freizügigkeit von Liebe und Sexualität im Roman
- Lebensumstände des Autors tragen zum Skandal bei → Werk wurde autobiographisch verstanden (Verhältnis mit Dorothea Veit) → Werk als Abbild dieser Liebesbeziehung
- unterschiedliche Textsorten (Briefe, Dialoge, reflexive und philosophische Passagen) → erscheint wie aus Bruchstücken, offen, Zug zur Selbstreflexivität → Hang zum Arabesken
- Bruch der bürgerlichen Moralvorstellungen → Lehrbuch über Wollust → Umsturz in Liebesdingen wird propagiert → körperliches wird dar- bzw. ausgestellt (Rollentausch zwischen Geschlechtern, Androgynität)
- Liebe im Roman nicht in legitimer Ehe → individuelle Empfindungen sind wichtiger
- Geschlechterverhältnis wird entworfen, in dem Männer und Frauen sich ergänzen → Julius führt bruchstückhaftes Leben/besitzt zerstücktes Ich → daraus ergibt sich Bedeutung von Lucinde, die sein Leben Ganz macht → Frau als Gegenpol zum männlich zerstückten Ich

- Lucinde erscheint als naturhafte Ganzheit, während sich der Mann als gebrochen empfindet; auch als gesellschaftlich und künstlerisch vollkommen gebildet und kann einseitigem Mann ideale Partnerin sein
- Bezugstext für feministische Forschung und Diskussion → Frage ob Frauenkonzept der Lucinde wirklich emanzipatorisch ist oder nicht → Auffassung, dass es nicht zur Empanzipation beiträgt, Frauenbild ist Konstrukt eines männlichen Autors
- Schlegel/Frühromantiker neigen zu weiblicher Idealisierung „Das Wesen der Frauen ist Poesie" → neuer positiver Entwurf der Weiblichkeit aber auch stark stilisiert

- Frauen selbst als Schriftstellerinnen in der Romantik → wurden nicht als ebenbürtig angesehen
- Dorothea Veit wurde nur mit Lucinde identifiziert, aber nicht, dass sie auch geschrieben hat
- wurden als Frauen der Romantiker bezeichnet → erst im Laufe der 70er Jahre rückten weibliche Autoren ins Zentrum
- literaturgeschichtliche Überblicksdarstellungen zur Romantik gehen nicht auf die Schriftstellerinnen ein → Epochenstil wird von männlichen Autoren ausgebildet
- gehören zu erster Generation von weiblichen Schriftstellerinnen → entstammen dem Bürgertum und dem niedrigen Adel, geboren zwischen 1770 und 1790, haben politischen Umbrüche der Zeit bewusst miterlebt, waren von wichtigen Bürgerrechten ausgeschlossen (nicht auf die Uni, keine bürgerlichen Berufe aufnehmen) → private Bildung nahm aber stark zu, musische und literarische Interessen wurden durch Hauslehrer gefördert → weibliches Lesepublikum entsteht und Frauen wollen aktiv am literarischen Leben mitwirken
- Romantiker können gesellschaftliche Konventionen zwar nicht außer Kraft setzten, aber es gab Freiräume (literarische Salons) für Frauen
- gebildete Frauen waren Mittelpunkt der Salongesellschaft und erhielten Wort im kulturellen Leben → Jena Salon, Berliner Salon Henriette Herz

Auswirkungen der romantischen Salonkultur auf die Situation der Frauen
- Neuer Dialog zwischen den Geschlechtern (intellektuelle Ebenbürtigkeit)
- Neue Denkmodelle der Geschlechterrollen
- Neue Möglichkeit der Teilnahme am literarischen Leben
→ Situation der Frauen trotzdem schwierig, Publikationen nur über Umwege wie männliche Verfassernamen oder anonyme Veröffentlichung oder ihre Ehemänner

- Ausnahme: Sophie Moreau → erste Literaturzeitschrift für Frauen

Bettina von Arnim
- Schwärmerin und Priesterin, romantisches Kind, pathologische Hysterikerin → Vielzahl von Meinungen und Rollenzuschreibungen
- Leben gegen gesellschaftliche Normen und traditionelle Frauenrollen
- Anspruch auf Selbstentfaltung → trat in zweiter Lebenshälfte als Schriftstellerin hervor, Quellenstudien über Armut

- hat niemanden kalt gelassen → Bewunderung oder Verachtung
- getauft als Bettina, nennt sich später aber Bettine → Selbststilisierung
- viele Geschwister aber trotzdem nicht in Großfamilie aufgewachsen → erst Klosterschule, dann mit zwei Geschwistern bei der Großmutter Sophie von La Roche (auch Schriftstellerin → Fräulein von Sternheim) → bringt Bettina in Kontakt mit Literatur, keine große Nähe zwischen den Geschwistern, lernt Brentano erst mit 12 kennen dann entwickelt sich aber reger Kontakt → darüber Kontakt zu Arnim, den sie später heiratet → enger Verflechtungen zwischen den romantischen Autoren
- Begabung im Schreiben, Zeichnen, Singen und komponieren → ehelicher Alltag: sieben Kinder
- Entfremdung zwischen Ehepartner durch unterschiedliche Lebenskonzepte → Ruhe des Landes bei Arnim, Bettina liebt Trubel der Berliner Großstadt → räumliche Trennung der Eheleute
- Briefe und Dokumente werden aufgegriffen und bearbeitet → Basis für fiktionale Erzählung → Art zu schreiben, die sie bekannt machte
- erst mit 50 Jahren tritt sie als Schriftstellerin hervor → Familie ist darüber nicht begeistert, fürchten gesellschaftlichen Aufsehen und Spott → Sohn hat Angst um seine Karriere als Beamter, will Erscheinen der Bücher verhindern
- 5000 Exemplare wurden schnell verkauft → Bettina wird zu bekannter Schriftstellerin für ihre Zeit
- Fundament: Briefe, die sie schon ihr ganzes Leben schreibt → eigenes Leben wird Gegenstand der poetischen Bearbeitung
- Brief und Briefroman sind bevorzugte Textformen der romantischen Autorinnen

Gründe
- vielfältige Möglichkeiten
- Subjektivität, Gefühle, Reflexionen
- Medium, das alles in sich aufnehmen kann (politisches, intimes, Zeitgeschichte, erfundenes, erfahrenes)
- Experimentierfeld, das unterschiedliche Darstellungsform und Inhalte haben kann und die man dort ausprobieren kann

→ Form der Tätigung, bei der private Kommunikation unmerklich in öffentliches literarisches Schaffen übergeht, Trennlinie kaum merklich, Frauen können als verdeckte Autorinnen schreiben, zeitliche Unterbrechungen sind erlaubt

- eigene Form des Briefromans durch Bettina → Kombination von echten und erfundenen Briefen → kunstvolle Mischung verschiedener Textformen (Tagebuch, Anekdoten, Zitaten, Reiseberichte werden eingefügt → typisch romantisch)
- bekannt und berüchtigt vor allem durch eine persönliche Erfahrung → Begegnung mit Goethe (wie viel Wahrheit, wie viel Fiktion?) → „Goethes Briefwechsel mit einem Kinde"
- Briefroman geht weit über realistische Schilderung zu Goethe hinaus, peinliche Huldigung Goethes als fast göttlicher Dichter, andererseits probiert Bettina unterschiedliche Formen aus

- seit 1807 persönlicher Kontakt zu Goethe → lange Briefe, nur kurze Antworten, manchmal sogar vom Sekretär verfasst
- 1811 → handgreifliche Auseinandersetzung mit Goethes Frau → danach Abbruch des Briefwechsels obwohl sie es noch mehrfach versuchte

→ Bettina spielte stark mit unterschiedlichen Rollen, hat Fremddefinitionen angenommen → Stilisierung zum Kind in der Beziehung zu Goethe; es ist nie zu trennen was Rollenspiel und was Wahrheit ist; auch andere romantische Autorinnen leben so und stellen sich so dar

Romantische Erzählungen
Tieck: „Der blonde Eckbert"

- für erzählende Literatur von Tieck: Der Runenberg, der blonde Eckbert
- Doppelgesichtigkeit der Welt wird betont, Alltag kippt plötzlich in Wunderbares um
  → wichtig für Wirkung Tiecks auf Romantik

Frühwerk Tiecks:
- „Herzensergießungen eines kunstliebenden Klosterbruders" (gemeinsam mit Wilhelm Heinrich Wackenroder)
- Der gestiefelte Kater
- Der blonde Eckbert
- Franz Sternbalds Wanderungen → Prototyp des romantischen Bildungsromans; mittelalterliche Kulisse, Verschmelzung von Kunst und Religion, Kunst wird zu Religionsersatz → Grundzug vieler romantischer Texte
- Der Runenberg

→ Komödie, Drama, Roman, Bildungsroman werden von ihm mitgeprägt
- literarische Karriere beginnt mit 18 Jahren → arbeiten in Schreibwerkstatt seiner Lehrer vor allem an Schauerlichem und Sensationellem
- 1794 und 1798 schreibt für Friedrich Nicolai → findet zu eigenem romantischem Stil
- setzt sich intensiv mit Shakespeare auseinander, fertigt später mit Schlegel Übersetzung an

Gattung Kunstmärchen
- Prosaerzählung mit namentlich bekanntem Verfasser nach dem Muster des Volksmärchens oder dessen Motive aufgreift
- Wunderbare muss Hauptrolle spielen
- Märchen wurden nicht nur gesammelt sondern auch geschrieben, (fast) alle romantischen Autoren verfassten Märchen
- Romantik = Blütezeit des Kunstmärchens (Beginn des 20. Jhd. zweite Welle der Kunstmärchen)
- wirkt anregend aufs eigene Schaffen
- Produkte der schöpferischen Phantasie des jeweiligen Autors
- Prototyp der Gattung: „Das Märchen" von Goethe
- betont künstliche Fortführung des Volkmärchens
- thematische Konstante → Auseinandersetzung mit dem Wunder, das nie als etwas Selbstverständliches vorgestellt wird
- Abgrenzung problematisch → mündliche und schriftliche Traditionen sind schwer zu trennen

- Novelle und Erzählung lassen sich auch nicht scharf abtrennen → haben auch Fantastisches im Zentrum

Der blonde Eckbert

Es geht um ein Ehepaar, den blonden Eckbert und seine Frau Bertha, die in Zurückgezogenheit (Die angesprochene "Waldeinsamkeit" bezieht sich auf Berthas

- Beisammensitzen und Erzählen ist Rahmenhandlung
- Sinnstiftende Funktion des Erzählens → aber hier gemeinschaftszerstörende Gewalt aus → löst Argwohn gegenüber Walter aus und löst folgende Handlung aus
- Berta weißt Zuhörer an, dass dies kein Märchen sondern real sei → besitzt aber stark märchenhafte Züge aus dem Volksmärchen
- anders als im Volksmärchen wird das Wundersame aber reflektiert und hinterfragt („ Stimme und Wesen des Alten erschien ihr wunderlich")
- Erzähltes schwank zwischen wunderlich und alltäglich-real → keine stabile Welt, sondern das Märchenhafte ragt ins gewöhnliche hinein und umgekehrt
- fiktive Realität ändert dauernd das Gesicht, Eindruck des Rätselhaften wird erzeugt → durch Rahmenhandlung verschärft (Trennung in extra und intra diegetische Erzählung verwirrt noch mehr und wird durchbrochen)
- auf formaler Ebene spiegelt sich das wieder, wovon auch inhaltlich gesprochen wird → Eckbert traut seiner Umgebung nicht, Leser weiß nicht ob er Eckberts Beobachtungen trauen kann
- Zweifel an der Wahrheit sind im Text deutlich → alle Wahrnehmungen werden in Zweifel gezogen (schien, Schein der Lichter, glaubte)
- als Leser gewinnt man kein wissendes Fundament, man ist unsicher wie die Figuren → Eckbert bekennt, dass ihm sein Leben mehr wie ein Märchen erscheint
- Instabilität der Figurenidentitäten → das Äußere der alten Frau scheint Berta einer ständigen Veränderung zu unterliegen und kann sie nicht richtig beschreiben
- Spiel mit Figurennamen → Berta /Eckbert; Alte/Walther
- Text nur Hirngespenste eines Einzelnen? → ist selbst davon überzeugt am Ende
- Text gibt Signale, dass mit Figur etwas nicht stimmt, wird als verschlossener Charakter eingeführt → Einsamkeit als Leitmotiv (Vogel sing immer wieder Lied von der Waldeinsamkeit)
- lässt sich nicht auflösen, Identitäten lassen sich nicht klären → keine eindeutige Lesart, Vermischung und Verwischung von Traum Realität wird thematisiert

Merkmale der Gattung „Kunstmärchen" im „blonden Eckbert" in Abgrenzung zum Volksmärchen

1. Verschachtelung und Diskontinuität der Zeit- und Erzählstruktur (das gibt es im Volksmärchen nicht)

2. Die Perspektivierung und Personalisierung des Erzählens (nicht zu finden im Volksmärchen, dort immer ein außenstehender Erzähler, hier steht Wahrnehmung der Protagonisten im Mittelpunkt)
3. Thematisierung des Wunderbaren (im Text wird Status der erzählten Ereignisse reflektiert, es wird darauf hingewiesen, dass die Ereignisse wunderbar sind oder umgekehrt als besonders vertraut erscheinen, wird immer wieder betont)
4. Verschränkung von novellistisch konkreter Wirklichkeit und märchenhaft Wunderbarem (in der Erzählung entstehen gleitende Übergänge und rational nicht mehr auflösbare Kombinationen, unterschiedliche Wirklichkeitsauffassungen in einem Text)
5. Psychologisierung (Inneres der Figuren wird wichtig für deren Wahrnehmung des Äußeren)
6. Natur als äußere Projektionsfläche innerer Vorgänge (Natur dient als Seelen- und Stimmungsspiegel, im Volksmärchen dagegen ist die Natur ein unabhängiger Raum in dem die Figuren agieren)

Ernst Theodor Amadeus Hoffmann (1776 – 1822)

- erstes Buch 1814 erschienen → mittlere und späte Romantik
- wie bei Eichendorf ist es wichtig für sein Schreiben, dass die Frühromantik bereits abgeschlossen scheint, zu einem Zeitpunkt an dem es bereits bestimmte romantische Regeln gibt
- Eichendorf greift romantische Motive auf, Hoffman schließt an wesentliche Tendenzen der romantischen Literatur an, setzt sich spielerisch distanziert und auch kritisch damit auseinander → gewisser Abstand zu romantischen Schreibweisen (Vergleichbar bei Tieck)
- gilt als typischer Vertreter der schwarzen Romantik → die sich für psychische Ausnahmezustände und das Unheimliche interessiert → Beiname „Gespenster-Hoffmann"
- Alkoholkonsum spielt gewisse Rolle bei Hoffmann → Nähe zum Schauerroman und der Gespenstergeschichte, trotzdem kein leichtes Lesen, verlangen aktiven Rezipienten, da viele Kunstgriffe enthalten sind
- gelingt es hochartistisches Schreiben mit hohem Unterhaltungswert zu verbinden → findet breites Lesepublikum (und hat es noch heute zu großem Teil z.B. im Vergleich zu Novalis)
- wurde auch im europäischen Ausland rezipiert → gilt als Aushängeschild der deutschen Romantik
- gab anderen Künstlern Impulse → Einfluss auf fantastische europäische Literatur Ende des 19. Anfang des 20. Jahrhunderts (z.B. Edgar Allan Poe)

Übersicht über Biographie und Werk

- Ritter Gluck (Erzählung, 1809)
- Fantasiestücke in Callot's Manier (1814/15; Erzählsammlung – darin: "Der goldene Topf", "Der Magnetiseur")
- Die Elixiere des Teufels (Roman, 1815/16)
- Nachtstücke (1816/17; Erzählsammlung – darin: "Der Sandmann")
- Das Fräulein von Scudéri (1818)
- Klein Zaches, genannt Zinnover (Märchen, 1819)

- Die Serapions-Brüder (1819 – 1821, Erzählsammlung)
- Lebens-Ansichten des Katers Murr (Roman, 1819 – 1821)
- Meister Floh (Märchen, 1822)
- Des Vetters Eckfenster (Erzählung, 1822)

- recht unspektakuläres Leben → zielstrebige Ausbildung, studiert Jura und wird nach Napoleons Sieg über Preußen Arbeitslos → dadurch schwenkte er zur Kunst um, findet 1808 Stelle als Kapellmeister in Bamberg, später in Leipzig und kehrt nach dem Krieg in den Staatsdienst zurück → trotz dieser Unterbrechung hatte er erfolgreiche juristische Karriere
- ab 1814 geht er als Schriftsteller an die Öffentlichkeit („Fantasiestücke in Callot's Manier") und arbeitet weiter als Jurist → schone erstes Werk macht ihn schlagartig berühmt (hat zwar schon als 20 jähriger zwei Geschichten veröffentlicht, die aber keinen Verleger fanden und verschollen sind)
- war auch großer Briefschreiber und entwickelt darüber Grundzüge seines Schreibens mit seiner witzigen, ironischen Art
- fasst seine Erzählungen in 3 Sammlungen zusammen im Nachhinein in einen Novellenzyklus (z.B. Die Serapions-Brüder)
- zyklisches Erzählen ist typisch für die Romantik → Werke werden in zyklische Rahmenhandlung eingegliedert → werden genutzt um ästhetische Prinzipien zu diskutieren und das Erzählen zu reflektieren

Intermedialität

- Kunst ist für Hoffmann Dreiklang von Künsten „Meine Musik – mein Malen – meine Autorschaft" (→ auch noch zu Erkennen an seinem Grabstein)
- ändert aufgrund seiner Verehrung von Mozart einen seiner Namen in Amadeus
- es gibt auch Klaviersonaten von ihm
- am bekanntesten romantische Oper „Undine"
- hat auch gemalt, hatte aber keine Ausbildung → tritt später hinter Musik und Dichtung zurück
- Strafversetzung von Posen in die Provinz weil er Karikaturen auf einflussreiche Mitglieder der Gesellschaft zeichnete
- Hoffmanns künstlerische Interessen waren eng miteinander verflochten und seine Dichtung beschäftigen sich häufig mit Darstellungsweisen der beiden anderen Künste → Kunst ist intermedial → immer wieder ist von Musik und dem Erleben von Musik die Rede, Szenen und Figuren werden mit Gemälden verglichen → schafft einerseits Anschaulichkeit, andererseits produzieren sie Überschuss an Bedeutung
- viele Figuren lassen Nähe zu Hoffmanns Karikaturen zu (Textbeispiel Coppelius)
- schon erstes Werk Callot's Manier zeigt diese Intermedialität → Jaques Callot war Künstler, der von 1592 – 1638 lebte → es wird beschrieben was ihn an Callot's Graphiken fasziniert und Grundzüge seiner Ästhetik beschrieben (Einzelnes steht für sich und reiht sich doch in den lockeren Gesamtverbund ein → Ablehnung der Klassik, die für eine Geschlossenheit des Werks steht)
- Callot's Zeichnungen werden als so beschrieben, dass sie auch dem Alltag etwas Fantastisches abgewinnen können

- Faszination durch Callot's aus Tier und Mensch geschaffene Gestalten → an der grotesken Mischung, was in Hoffmans Figuren wiederkehrt
- Texte beschäftigen sich aber auch mit Musik (ist am Anfang sogar Schwerpunkt) → Erzählung über Mozarts Oper Don Juan, Abhandlungen über Beethovens Instrumentalmusik
- Figur des Johannes Kreisler wichtig → taucht in unterschiedlichen Texten auf, trägt starke Anteile des Autors ohne, dass man ihn mit diesem gleichsetzen könnte
- romantischer Kult der Musik findet bei Hoffman seinen Höhepunkt → autonome Kunstwelt, die völlig von äußerer Realität abgekoppelt ist → erscheint bei Hoffman zwiespältig weil damit existentielle Gefährdung des Künstlers einhergeht → wird von Hoffmann in vielen Texten erwähnt

Künstlerthematik und Künstlerfiguren

- Künstlerthematik als Mittelpunkt seines Schaffens → stehen außerhalb der Gesellschaft, sind Sonderlinge, stehen der Gesellschaft antagonistisch gegenüber
- echter Künstler ist gefährdet → wird als Wahnsinniger von Hoffman dargestellt → z.b. „Das Fräulein von Scuderi": Mischung aus Künstler- und Kriminalerzählung
- Künstlerdasein des Protagonisten führt ihn schließlich in die Isolation und ins Verbrechen → aber keine Verbrecherfigur sondern jemand der darunter leidet und zwanghaft handelt, kann sich innerlich nicht mehr von seinen Werken trennen
- es gibt nicht nur den Goldschmied als Künstlerfigur, sondern Kontrastfigur Fräulein von Scuderie, die weltbezogenes, gesellschaftlich integriertes Künstlertum repräsentiert → verfasst Unterhaltungsliteratur und ist eher Künstler zweiten Ranges
- Kunst und Leben schließt sich aus → Künstlertum und Gesellschaft vertragen sich nicht und stehen im Widerspruch zueinander → Mittelpunkt fast aller Künstlererzählungen von Hoffmann → zeigt sich auch in anderen romantischen Werken (Ausnahme: Heinrich von Ofterdingen)
- als Ideal schwebte Hoffmann die Vereinigung von Kunst und Leben vor → Plädoyer dafür eigenen Alltag nicht gänzlich hinter sich zu lassen sondern als Aufschwung für künstlerische Welt zu nehmen; Idee der Stufenleiter, dass beide Welten miteinander verknüpft werden sollen → wurde von Hoffmann nicht umgesetzt in seinen Erzählungen (Ausnahme: „Der goldene Topf" → dort wird gewinnende Dichterwerdung aufgeführt, allerdings mit ironischem Ende)

Das serapiontische Prinzip

- Hoffmann hat keine theoretischen Texte geschrieben, trotzdem sind seine Texte stark reflexiv → innerhalb des fiktionalen Werkes Überlegungen zur Kunst → nichts was explizit als Programm formuliert wird sondern in den Texten von den Protagonisten
- Geschichte von Serapion → seine Dichtung als hohe Kunst gewürdigt, seine Kunst bringt er einsam hervor, Moment der Einsamkeit gehört seit dem Sturm und Drang zum Künstler dazu, Romantik hat zwar Hang zum geselligen Schaffen aber auch Vorliebe für dichterische Einsiedlergestalten → „Zeitschrift für Einsiedler" von Arnim/Brentano

- Serapion ist deswegen Dichter, weil er alles was er dichtet erst innerlich erschaut →
  Inneres Erschauen wichtig → heißt nicht, dass er etwas wirklich sieht sondern schauen
  im Sinne von imaginieren und erschauen im Inneren → es bleibt nicht bei innerer
  Wirklichkeit, das innerlich Erschaute muss nach außen projiziert werden
- es geht nicht um Nachahmungspoetik, kein mimetischer Realismus → das Bild im
  Inneren soll ins äußere Leben getragen werden (Projektionsvorgang)
- äußere Wirklichkeit wird nicht vollständig ausgeklammert sondern als eigener Faktor
  mit einbezogen → wie ist Verhältnis von äußerer Realität und innerer Phantasie?
  äußere Welt hat Hebelwirkung mit der sie Imagination in Gang setzte:
  Imaginationskraft funktioniert nach Impuls von der Außenwelt und wirkt danach
  autonom, Außenwelt bleibt als Kunstgeber unverzichtbar

Serapiontisches Dichten vollzieht sich in drei Stufen:

1. Äußere Realität fungier als Impulsgeber (Hebelwirkung)
2. Die subjektive Phantasie läßt ein inneres Bild entstehen.
3. Der Dichter ist gefordert, dieses innere Bild nach außen zu tragen

Grundzüge von Hoffmanns Erzählen

- schließt inhaltlich an Geschmack und Erwartung seiner Zeitgenossen an
  (Spiegelbilder, Begegnungen mit dem Teufel, typische Motive der damaligen
  Literatur) → baut Motive in komplex motivierte und kunstvoll narrativ formulierte
  Texte ein → Texte sind auf Zweifel und Undeutlichkeiten ausgelegt → ob der Spuk
  wirklich real stattfindet oder ob sich das nur im Kopf der Protagonisten abspielt →
  Rätselcharakter und oft Unauflösbares
- Duplizität der geschilderten Welt → Doppelsichtigkeit der vorgestellten Welt (wie im
  blonden Eckbert, Handlung schlägt von gewöhnlicher Welt in fantastische und
  umgekehrt) → bei Hoffmann noch stärker: spielt nicht im Spätmittelalter sondern wird
  konkret räumlich und zeitlich beim Leser situiert: Begegnung mit dem alten hässlichen
  Weib als Auslöser für spätere fantastische Momente der Erzählung, Wunderbares
  bricht in alltägliche Welt ein, Fantastisches hat so noch höheres Irritationspotential, in
  Erzählungen spielen Grenzen und Grenzmarkierungen große Rolle, aber auch
  Schwellenüberschreibungen und Grenzverwischungen, Dualismus als Gegensatz aber
  auch Überschreiten von einem zum anderen
- Hang zum perspektivischen Erzählens (intern vokalisiert): Leser sieht sich an
  Realitätssicht der Protagonisten gebunden und erlebt deren Irritation mit → man kann
  oft nicht entscheiden ob etwas tatsächlich real ist oder imaginiert wird → Leser
  kann/soll durch übergangslose Vermischung von Fantastischem und Realem sein
  Bewusstsein erweitern, so dass er der inneren imaginären Realität ebenso wichtige
  Rolle zuweist wie der äußeren Realität

„Der Sandmann"

- in Erzählsammlung „Nachtstücke" → Reiz der ungewohnten Lichtverhältnisse,
  Kontrast von Hell und Dunkel, Anlehnung an bildende Kunst

- Kindermärchen vom Sandmann bekommt unheimliche Bedeutung
- handelt sich nicht um Rahmenerzählung aber Gemeinsamkeit zum blonden Eckbert → Zurückliegende Ereignisse wirken sich auf die Gegenwart aus (Kindheitstrauma des Sandmanns)
- Textbeginn ist perspektivisch gezeichnet, drei Briefe am Anfang → Textbeginn zeigt was für gesamte Erzählung Bedeutung hat: alles ist an bestimmte Sichtweisen gebunden, es gibt zwar übergeordneten Erzähler, erscheint aber genauso problematisch wie die einzelnen Figuren
- Leser muss sich fragen wem er glauben soll → Text ist auf Unentscheidbarkeit angelegt
- an der Realitätssicht des Protagonisten lässt sich zweifeln aber es gibt auch Moment die zeigen, dass es eine verhängnisvolle Macht geben könnte

Der Sandmann

- Verfahren der narrativen Perspektivierung → alles was erzählt wird ist subjektiv gefärbt
- wahnhafte Innenwelt des Protagonisten → wahre Außenwelt?
- äußerst dichtes Netz von Leitmotiven:

a) Automaten-Motiv

- ➢ Vorstellung künstlicher Menschen herzustellen schon lange faszinierend
- ➢ Umbruch im 16. Jahrhundert → vor allem Uhrenmacher → sprechende, scheibende und musizierende Automaten
- ➢ Höhepunkt Ende des 18. Jahrhunderts → Automaten öffentliche Sensation
- ➢ Erfinder: Jaques de Vaucanson; Wolfgang von Kempelen
- ➢ Hoffmann kannte den „Schachtürken" →lebensgroßer Automat, der mit einem beliebigen Gegner Schach spielen konnte → aber: fauler Zauber → Mensch saß darin
- ➢ Idee des menschlichen Automaten steht in Bezug zum anthropologischen Konzept der Aufklärung
- ➢ Hoffmann lehnt sich an zeitgenössische Automaten an (Olympia singt und tanzt)
- ➢ Kritik am Automat: Olympia ohne Seele → aber: Nathanael als poetische Person sieht in Olympia poetische Person → ist irritierend, da andere Figuren sie als kühl erkennen

- Nathanael grenzt sich von anderen Personen ab: Romantisch
  - ➢ dualistisches Weltbild (z.B. Poetik Gegenteil Kühle Person)
  - ➢ Nathanael besetzt typisch romantische Züge
  - ➢ verarbeitet Erlebnisse in Gedicht
  - ➢ narzisstische Persönlichkeit; dargestellt in einseitiger Kommunikation → Olympia als perfekte Gesprächspartnerin

- Umkehrung der Rolle der Frau: hier nicht selbstständig, eher abwertend
- Vertauschung von lebendigen und Toten (Nathanael bezeichnet Clara als Automat) → Nathanael in angemessenem Verhältnis zur Realität

<u>Nathanael schaut durch Perspektiv</u>

- Verben der Wahrnehmung dominant
- Olympia wird scheinbar durch Blick lebendiger → ist die Sichtweise Nathanaels angemessen?
- autonome innere Imaginationskraft nimmt überhand, Nathanael steigert sich in Wahnvorstellungen hinein → Verben wechseln von sehen zu schauen → serapiontisches Schauen?; Modus des äußeren Sehens wird zum inneren Schauen

→ beide Deutungen möglich

<u>Romantische Naturwissenschaft</u>

- Fragmente des Novalis aus heutiger Perspektive irritierend für romantische Naturwissenschaft
- nicht Faktengrundlage sondern Spekulation
- Schellings Naturphilosophie hatte großen Einfluss
- Gegenbewegung zu analytischer Betrachtung von Mensch und Natur in der Aufklärung
- ganzheitliches Denken im Mittelpunkt, streben nach Ganzheitlichkeit → einerseits Ausdifferenzierung einzelner Gebiete, andererseits Versuch einer Gesamtschau
- Abkehr vom mechanistischen Weltbild
- Entdeckung von Sauerstoff und Elektrizität → universale Prinzipien
- Anthropologie: (menschliche Psyche) seelisch – körperliche Gesamtheit; Wechselwirkung mit Natur
- Werke: Gotthelf Heinrich Schubert:
  - Ansichten von der Nachtseite der Naturwissenschaft
  - Die Symbole des Traums
  - übt großen Einfluss auf romantische Schriftsteller aus
  - Auswirkungen auf Hoffmann und Heinrich von Kleist und Maler C.D. Friedrich
- Nachtseiten der Naturwissenschaft
  - geht ihm um abgelehnte Brücke der Naturwissenschaft
  - Tagseite: von Aufklärung erforschte Wissenschaft
  - Nachtseite: von Vernunft nicht erfassbare Wissenschaft

→ Angriff auf Aufklärung, sie untersucht nicht Ganzheit, Schlüssel zur Natur erschließen sich nicht

→ plädiert für wissenschaftliche Forschung, die inneren Zusammenhänge der Natur beachtet, Einheit Mensch-Natur = Einheits-Synthese-Denken

→ triadische Geschichtskonzeption

- Ziel der romantischen Wissenschaft: Einheit Mensch und Natur wiederherstellen ist das Konzept der Frühromantik

Welche Ideen Schuberts waren interessant?

- Erkundung von Grenzbereichen: Wachen-Schlafen
- Erkundung des Unterbewussten
- Hellsehen, Wahrsagen
- Traum als Offenbarung eines höheren Daseins im Gegensatz zum Wachzustand; Traum ist Eingang zu nicht-traditionellen Dingen
- Träume- und Traumbilder als Natursprache in Kürze
- Unbewusstes als poetische Instanz im menschlichen Inneren
- Traum als Modell imaginativer Tätigkeit des Menschen

Animalisches Magnetismus-Konzept

- hoch spekulatives wissenschaftliches Konzept
- eng mit romantischer Naturphilosophie verknüpft
- medizinische Wirkung: Anhänger, Gegner: Scharlatanerie
- Galvanis Versuchsanordnung: Froschschenkel ziehen sich zusammen, wenn er sie mit Eisen berührt → Zusammenhang zwischen elektrischer und magnetischer Theorie → Galvani wusste noch nicht, dass er aktiven Stromkreis hergestellt hat

- populärster Vertreter des Magnetismus: Franz Anton Mesmer → Grundzüge seiner Lehre
  - ➤ gibt unsichtbare Kraft, das Menschen und Universum durchströmt und verbindet
  - ➤ diese Wirkungskraft steuert alle körperlichen Mechanismen
  - ➤ Krankheit = ungleiche Verteilung dieses Fluidums
  - ➤ Aufgabe des Arztes: Fluidum in Bewegung bringen wenn Stockung aufgetreten ist (magnetische Behandlung)
- Theorie der magnetischen Kuren schon von Zeitgenossen sehr umstritten
  - ➤ Mesmers Heilmethoden wären unwissenschaftlich aber gibt auch viele positive Rückmeldungen von Patienten, da (weniger wegen Fluidum)
    - ✓ Geschlechterrolle und Autorität
    - ✓ Erotische Komponente
    - ✓ Psychotherapeutische Funktion

→ was sich abspielt zwischen Magnetiseur und Patienten lässt sich eben auch so erklären

- geschärftes Interesse an hypnotischen Praktiken und Traum, da tiefere Verbindung zur Natur → durch Magnetismus hervorgerufen
- Mesmer vertritt auch Ansicht, dass Magnetiseur am wirksamsten eben in Grenzzustand zwischen Wachen und Schlafen ist

Der Magnetiseur – Poesie und Wissenschaft

- im Zentrum der Erzählung: Träume und das Unbewusste: lässt sich Unbewusstes manipulieren? Problem der subjektiven Autonomie
- Eingangspartie: Träume und ihre Funktion → 3 Figuren erklären ihr Verhältnis zu Träumen

a) Sohn Otmar:

> ➢ charakteristisch romantische Vorstellung des Traums
> ➢ Traum als höheres intensives Leben
> ➢ verhilft zur Erkenntnis
> ➢ höhere Art des Träumens: Mensch und Kosmos in Einheit

b) Maler Bickert:

> ➢ unmittelbare Abhängigkeit des Traums von realen Erlebnissen
> ➢ Traum verzerrt Realität
> ➢ Höherwertigkeit der Realität

c) Träume sind Schäume (Baron)

> ➢ Träume als Illusion
> ➢ Zitat aus Heinrich von Ofterdingen
> ➢ eigene Aussage wird revidiert, erinnert sich eines merkwürdigen Traumes → Parallele zu Heinrich von Ofterdingen, aber Inhalt der Träume unterschiedlich

- viele Innenerzählungen, Wechsel der Erzählperspektive, kein in sich abgerundetes Bild
- Text spielt mit Erzähl- und Reflexionsebene
- komplexe Erzählstruktur

Handlung

- Alban als Magnetisieru, Marie als Patientin und dann Geliebte, Behandlung scheint Wirkung zu zeigen
  - ➢ Kontrolle Albans über Marie, manipuliert sie
  - ➢ Medizinische Kenntnisse werden eingesetzt, um Macht zu gewinnen und zu manipulieren → Autorität, Frau als passiv, unterliegt
- Medium Literatur hier genutzt um Magnetismus zwischen Wissenschaft und Wunderbarem darzustellen
- Text gibt keine Stellungnahme zu Konzept → Leser muss es selbst machen; offene Struktur gibt eben kein geschlossenes Konzept vor
- Literatur kann aus verschiedenen Aspekten das Umstrittene behandeln

Merkmale romantischen Erzählens

- Struktur- und Formmerkmale
- ➢ Vielfalt von Erzählformen → einerseits lehnen sich Autoren an schlichten Volkston an, sagenhafte Stoffe, Märchen; andererseits Vorliebe für komplexe Strukturen → arbeiten mit strukturellen Verflechtung von Räumen und Zeiten, die sich als veränderlich erweisen (Verdopplung, Raum verändert sich durch Metamorphosen,

instabile Räume), Aufbrechen der geschlossenen Erzählung → unterschiedliche
Erzählebenen mit Rahmenkonstruktionen
- ➢ romantische Erzählungen demonstrieren dem Leser, dass sich Einfaches und
  Komplexes nicht ausschließen, sondern kombinierbar sind
- ➢ bringt Kritiker zur Verzweiflung, die gerne systematisch denken → starre
  Gattungsgrenzen sind nicht mehr anwendbar → romantische Literatur möchte die
  Gattungsgrenzen sprengen (Universalpoesie der Frühromantik)
- ➢ auch in der Spätromantik noch so → Wunderbares und Alltägliches soll vermengt
  werden (Gedichte sind häufig in Prosa eingefügt, unterschiedliche Textsorten)

- • Subjektivierung des Erzählens
- ➢ Erzählverfahren erweitern sich → wahrnehmendes Subjekt tritt in den Mittelpunkt und
  Wahrnehmung selbst wird thematisiert und problematisiert → es geht nicht um
  Verstandesgeleiteten- sondern sinnlichen Zugang zur Welt, die vor allem visuell
  erschlossen wird; starke Präsenz von synästhetischen Wahrnehmungen
- ➢ Texte bündeln und vereinen unterschiedliche Sinneseindrücke (Geruchswahrnehmung
  und bildliche Wahrnehmungen überlagern sich um die Intensität der Wahrnehmung
  auszudrücken und alltägliche Wahrnehmungsgrenzen zu überschreiten)
- ➢ Wirklichkeit wird nicht als etwas vom Betrachter unabhängiges gezeigt sondern als
  subjektiv → Ich wird zum Bedingungsgrund der erfahrenen Wirklichkeit → Leser
  sind an Wirklichkeitswahrnehmung der Protagonisten gebunden → Sicht ist
  abweichend von der allgemeinen bürgerlichen Realitätserfahrungen
- ➢ Frage nach der Zuverlässigkeit der Wahrnehmung wird aufgeworfen (z.B. E.T.A.
  Hoffmann)

- • Romantische Seelenlandschaften
- ➢ neues anthropologisches Konzept → Träume sind Ausdruck für ungeahnte
  Dimensionen des menschlichen Daseins → werden überwiegend positiv bewertet
- ➢ Sphäre des Unbewussten interessiert mehr als die Sphäre des wachen Bewusstseins →
  subjektives Erleben (Stimmungen, Ahnungen usw.) wird so ausführlich geschildert
  wie nie zuvor → Seelenleben des Menschen wird ausgelotet (Traumdarstellungen)
- ➢ Autoren entwickeln neue Techniken und Sprache zur Darstellung psychischer
  Vorgänge → psychische Vorgänge spiegeln sich in der Außenwelt wieder (z.B. in
  Natur- und Landschaftsdarstellungen)
- ➢ Hinabsteigen in Bergwerk als Symbol für das Hinabsteigen in die Tiefen des eigenen
  Ichs
- • Prekäre Identitäten und psychologische Fälle
- ➢ Dunkle und unerforschte Bereiche des Ich interessieren → Bereiche außerhalb der
  Vernunft werden beleuchtet → Konzept entgegen der Klassik
- ➢ Keine Ganzheiten sondern zerrissene Identitäten stehen im Mittelpunkt
- ➢ neue Bedeutung des Doppelgängermotivs → früher ausgeschlachtet auf pysische
  Existenz des Doppelgängers, in der Romantik eher Ausdruck einer psychischen
  inneren Spaltung → Ich erfährt sich als gespalten

- ➤ Selbstbewusst werden als Ich bedeutet, dass man Distanz zum Ich hat ➔ zeigt Spaltung, ist damit Subjekt und Objekt der Reflexion zugleich und damit latent gedoppelt
- ➤ Motiv des Spiegels ➔ zum Ausdruck, dass das Ich zerfällt weil es Objekt und Subjekt zugleich ist (Spiegelbilder entwickeln z.b. bei E.T.A. Hoffman ein Eigenleben)
- ➤ Ich bleibt entweder unreflektiert oder zerfällt in zwei Teile ➔ Romantiker haben geschärftes Bewusstsein für Ich-Verlust und Spaltung, Wahnvorstellungen
- ➤ Trennung zwischen psychischer Gesundheit und Wahnsinn wird aufgehoben ➔ Grenzen zwischen Normalität und Wahnsinn sind fließend
- ➤ Entdeckung der Kindheit als traumatischer Ort, der das weitere Leben bestimmt ➔ Widerspruch zur romantischen Idealisierung der Kindheit als glücklicher Zustand des Menschen z.b. bei Novalis und teilweise bei Eichendorff; bei anderen Autoren aber Kindheit als Zeit einer fundamentalen Verletzung (Arnim, Brentano, Hoffmann)
- ➤ Psychoanalyse vor der Psychoanalyse ➔ Nähe zu Vorstellungen, die erst später von der psychoanalytischen Wissenschaft beschrieben wurden

- • Motiv des Wanderns
- ➤ ➔ Wandern gehört zum Wesen des Menschen; romantisches Wandern hat keinen Zweck und hält sich nicht an den kürzesten Weg ➔ zweckfreies, regelloses Schweifen, das den Wanderer zu tieferem Lebenssinn führen kann

Joseph von Eichendorff

„Aus dem Leben eines Taugenichts"

- ➤ Zuerst war Erzählung nicht so erfolgreich, wurde dann aber noch fünf Mal verlegt zu Lebzeiten Eichendorffs und ist mittlerweile in viele Sprachen übersetzt
- ➤ gilt als Ausdruck der Abwehr ökonomischer Zwänge, benutzt alle romantischen Topoi aber auch Abstand und Umformung sind zu sehen ➔ macht Erzählung interessant
- ➤ bringt Kunststück fertig kunstlos zu erscheinen, obwohl sie es nicht ist
- ➤ Realitätsenthobener Charakter der Erzählung ➔ Welt, die frei von Konflikten ist
- ➤ schwerelose und heitere Seite der Romantik
- ➤ Märchenhaft wirkt auch die Landschaft, in der sich der Taugenichts bewegt ➔ Schlösser, schöne Landschaften ➔ Handlung dominiert von Zufälligkeiten und Wahrscheinlichkeiten
- ➤ Welt wirkt geschlossen ➔ immer begegnet dem Taugenichts seine schöne Frau (märchenhafter Zug)
- ➤ es geht nicht um psychologische Glaubwürdigkeit
- ➤ Analogien zur romantischen Literatur bisher aber auch teilweise komplett anders

Form und Erzählweise

> von der Gesamtanlage eher untypisch → chronologisch erzählt ohne Vorausdeutungen und Schachtelungen
> Geschehen wird aus dem Ich erzählt → Taugenichts ist Erzähler und zentrale Figur → subjektive Ausrichtung des Erzählens → im Taugenichts ist Begrenztheit der Perspektive ganz besonders ausgeprägt → Besondere Form der Ich-Erzählung: Erzählen wird fast ganz auf das Erleben zentralisiert und weniger das Innerliche wird gezeigt
> Text lebt von Missverständnissen des Taugenichts, dem man in seiner Wahrnehmung folgt → Leser ist an dessen Erlebnisweise gebunden, ist unzuverlässiger Erzähler, der vieles was im widerfährt falsch deutet
> extreme Subjektivierung, die aber nicht Konflikthaft eingesetzt wird

Figurenkonzeption und Philisterkritik

> Taugenichts durchläuft keine Identitätskrise → kaum Innenleben
> Wechsel von Trauer und Freude immer sehr rasch → flache Figur ohne Erkundung des Inneren

Heinrich Heine: Dichter der Epochenschwelle

- Bruchstelle von Romantik und Idealismus und zum Vormärz hin
- distanziert sich von der Idee der Kunstautonomie
- greift in eigener Lyrik soziale aktuelle Themen auf als es bisher der Fall war → Gedichte sind von den aktuellen Entwicklungen bestimmt
- bestimmt eigenen Standpunkt in Abgrenzung zur Romantik → Haltung zur Romantik ist Zwiespältig → ist einerseits stark in der romantischen Lyrik verwurzelt und ist davon fasziniert, versucht sich aber davon freizumachen
- Dichter der Ambivalenz → lässt sich nicht auf eine Position festlegen
- schafft neue Art von Literatur → passt in keine der bisherigen Muster
- perspektivisch gebrochene Aussagen und Wertungen von Heine → einerseits auf der Seite der politischen Schriftstellerei und andererseits ist ihm künstlerischer Anspruch sehr wichtig
- 20er Jahre und erste Hälfte der 30er Jahre → politische Literatur; später dann hält er Abstand davon → spricht sich sogar für Autonomie der Künste aus
- ist für literaturgeschichtliche Einordnung schwierig → Heine entzieht sich allen Eindeutigkeiten → wird Kontrovers diskutiert → Verhältnis zur Romantik erfährt unterschiedliche Wertungen

Antiromantische Wende: Eisenbahn statt Postkutsche

- große Unterschiede zwischen Heine und Eichendorff
- Das Fräulein stand am Meere: romantischer Naturtopos (Ort am Meer → Entgrenzung des Subjekts, Sonnenuntergang → meist verknüpft mit der Vorstellung kosmischer

Harmonie) wird zu Beginn aufgerufen → Bild der erhabenen Natur wird zerstört →
das Bild rührt das Fräulein → keine Erfahrung von großer Natur → holpernder Reim
- zweite Strophe → Naturerscheinung wird Naturwissenschaftlich entzaubert → wird zu
einem Ereignis erklärt, das nach physikalischen Gesetzen jeden Tag wiederkommt und
seiner Einzigartigkeit beraubt → Desillusionslyrik

Zeit- und literaturgeschichtlicher Hintergrund

- Ambivalente, von Spannungen geprägte Zeit → Revolution (gegen Metternich) und
Restauration (wollen Status vor der französischen Revolution wieder herstellen)
verstärkten sich wechselseitig → Heine steht in der Tradition der Revolution → sieht
Fortschritt als Emanzipation
- Heine engagiert sich für Freiheit → Realität: Zäsur in Zeitschriften und Literatur
- Weberlied → die armen Weber: veröffentlicht als Flugblatt → wegen aufrührerischer
Tendenzen verboten
- Menschen sollten sich zusätzlich zum politischen System auch von inneren Zwängen
befreien (gegen christliche Religion → Recht des Menschen auf diesseitige
Daseinserfüllung)
- aber wieder Ambivalenz → auch Resignation
- großer Schatz von Traditionen, der zwar da ist aber keinen Bezug mehr hat zur
Wirklichkeit → Zeit der großen Dichter ist vorbei
- wieder Ambivalenz → keine Entwicklung mehr in der Geschichte → „trostlos ewiges
Wiederholungsspiel"
- ist nicht nur von Spät- und Endzeit durchdrungen sondern auch von der Hoffnung, das
neue Kunst entsteht
- prägt Eindruckt, dass mit Goethes Tod die Kunstepoche zu Ende geht → eigen
Aufgabe als Schriftsteller muss neu definiert werden
- Heines Verhältnis zu Goethe auch ambivalent → erkennt ihn als Künstler an, versuch
sich aber aus seinem Schatten zu lösen
- „Prinzip der goetheschen Zeit, die Kunstidee entweicht, eine neue Zeit mit einem
neuen Prinzip steigt auf" → Heine sieht sich und seine Zeitgenossen als das junge
Deutschland: Leitmotive: Gegenwart, Fortschritt, Bewegung, Erwachen, Jugend →
das neue Selbst wurde beschworen →Gegenbegriffe: Vergangenheit, Schlaf,
Nachtwächtertum
- auch Romantik war Gegenwelt zur realen Welt → sucht sich von eigenem
romantischem Erbe und seinen Sehnsüchten zu befreien

„Das Buch der Lieder"

- zwei große Zyklen → „Buch der Lieder" (1827) → macht Heine berühmt weil es
Welterfolg geworden ist; zweiter Zyklus (1851) „Romanzero" → ganz andere
Stimmung, geprägt von seiner späteren Leiderfahrung
- spielerisch ironische Anknüpfung an romantische Tradition
- Werk umfasst 237 Gedichte → angeordnet in innerer Entwicklung beginnend beim
Liebeschmerz bis zur Befreiung desselben

- mehr als die Hälfte der Gedichte handelt von unglücklicher Liebe → es gibt zwar biographischen Hintergrund bei Heine, sollte aber nicht nur so gelesen werden
- Lyrisches Ich vom Weltschmerz zerrissen (häufig in romantischer Literatur), auch in Tradition Petrarcas Liebeslyrik
- imitiert und parodiert Volkston → hat aber auch nicht parodistische und nichtironische Gedichte geschrieben in einfachem Volkston
- innovatives ist, dass es Gedichte gibt, die parodistisch mit dem Volksliedton umgehen → lässt Volksliedton in triviales oder übermäßig sentimentales abgleiten, bricht romantische Vorstellungen indem er sie mit der Realität konfrontiert und als Illusion enttarnt
- geprägt von Ironie aber anders als romantische Ironie → will romantische Vorstellungen auf die Gegenwart zurückzuführen → genau umgekehrt
- „Ich weiß nicht, was soll es bedeuten" → Satzbau ist einfach, Gedicht versammelt charakteristisch romantische Motive (Abend-, Rheinlandschaft, mythische Gestalt der Lorely), zeitliche Entrückung, charakteristischer Gebrauch des Wortes golden (Anlehnung an Märchen)
- Verbildlichung des Gedankens, dass Romantik zu gefährlichen Wirklichkeitsverlust führt

→ Heine bedient sich romantischer Kunstmittel mit desillusionierender Geste → Ironische Demontage

→ Faszination: Romantik ist verknüpft mit Wirklichkeitsverfehlung

→ Heine ist mit seinem literarischen Schaffen zwar in der Romantik verwurzelt, geht aber über sie hinaus und kritisiert sie

- letzte beiden Zyklen befreien und reinigen von der romantischen Tradition → zeigt sich Inhaltlich und formal → wendet sich von Volksliedton und Volksliedstrophe ab → schreib ohne Reime → nähert sich der Prosa an, es gibt z.B. auch Dialoge in seinen Gedichten
- Sonnenuntergang → Harmonie und Ganzheitsvorstellungen werden desillusioniert und ein sehr viel realisticheres Bild der Natur wird geboten

„Die romantische Schule" (1836)

- weil Heine sich von der Romantik abwenden und befreien möchte, entwirft er ein plakatives vereinfachtes Bild der Romantik
- Reduktion der Romantik auf naiven Volkston, Vergoldung des Alltags und ungebrochene Harmonie → ist zwar eine Facette aber nicht alles der Romantik
- handelt sich nicht wirklich um systematische Abhandlung sondern um Abrechnung --> polemisch, teilweise sogar bösartiger Ton
- Heine will sich von eigenen romantischen Anfängen befreien

- aber wieder von Ambivalenzen geprägt → Heine erscheint als Romantikgegner wider Willen
- Text als Reaktion auf Goethes Tod
- Goethes Literatur wird kritisiert weil sie sich ins autonome Kunstreich zurückzeiht
- Romantik steht auf Seiten der Restauration
- Hauptkritikpunkt: Vergangenheitsorientierung der Romantik am Mittelalter → Heine lehnt diese ab weil sie von Kirche und Monarchie geprägt war
- Zielscheibe der Kritik ist vor allem der spiritualistische Katholizismus → einseitige Ausrichtung des Geistes → nimmt Freunde am diesseitigen Dasein
- Heine bestreitet nicht Wert der mittelalterlichen Dichtung, bestreitet aber, dass sie Vorbildfunktion für Gegenwart haben können
- Hinwendung zum sinnenfreudigen Protestantismus
- wirft Brüdern Schlegel vor, sie hätten ihre lyrischen Mängel durch das Mittelalter zu kompensieren versucht
- Friedrich Schlegel gilt als Paradigma für Flucht zur katholischen Kirche